CARNET
de voyage

appartient à:

nom:..............................

tél:..............................

mail:..............................

lieu:........... date:...........

photos:

notes:

_____

_____

_____

_____

lieu:............ date:...........

photos:

notes:

_____

_____

_____

_____

lieu:........... date:...........

photos:

notes:

_____

_____

_____

_____

lieu:............ date:...........

photos:

notes:

_____
_____
_____
_____

lieu:........... date:...........

photos:

notes:

_____

_____

_____

_____

lieu:............ date:............

photos:

notes:

_____

_____

_____

_____

lieu:........... date:...........

photos:

notes:

_____

_____

_____

_____

lieu:........... date:...........

photos:

notes:
_____
_____
_____
_____

lieu:.......... date:...........

photos:

notes:

_____

_____

_____

_____

lieu:............ date:...........

photos:

notes:

_____
_____
_____
_____

lieu:........... date:...........

photos:

notes:

_____

_____

_____

_____

lieu:.......... date:............

photos:

notes:

_____
_____
_____
_____

lieu:............ date:............

photos:

notes:

_____
_____
_____
_____

lieu:.......... date:..........

photos:

notes:

_____

_____

_____

_____

lieu:............ date:............

photos:

notes:

_____
_____
_____
_____

lieu:............ date:...........

photos:

notes:

_____

_____

_____

_____

lieu:............ date:...........

photos:

notes:

_____
_____
_____
_____

lieu:.......... date:...........

photos:

notes:

_____
_____
_____
_____

lieu:.......... date:..........

photos:

notes:

_____

_____

_____

_____

lieu:........... date:...........

photos:

notes:

_____

_____

_____

_____

lieu:………. date:…………

photos:

notes:

_____
_____
_____
_____

lieu:............ date:............

photos:

notes:

_____

_____

_____

_____

lieu:.......... date:...........

photos:

notes:

_____

_____

_____

_____

lieu:........... date:...........

photos:

notes:

_____

_____

_____

_____

lieu:............ date:............

photos:

notes:

_____

_____

_____

_____

lieu:........... date:...........

photos:

notes:

_____

_____

_____

_____

lieu:.......... date:...........

photos:

notes:

_____

_____

_____

_____

lieu:............ date:...........

_____
_____
_____
_____
_____
_____
_____
_____
_____
_____
_____
_____
_____
_____
_____
_____
_____
_____

photos:

notes:

_____
_____
_____
_____

lieu:........... date:...........

photos:

notes:

_____

_____

_____

_____

lieu:.......... date:...........

photos:

notes:

_____

_____

_____

_____

lieu:............ date:...........

photos:

notes:

_____

_____

_____

_____

lieu:............ date:...........

photos:

notes:

_____

_____

_____

_____

lieu:........... date:...........

photos:

notes:

_____
_____
_____
_____

lieu:........... date:...........

photos:

notes:

_____

_____

_____

_____

lieu:.......... date:...........

photos:

notes:

_____

_____

_____

_____

lieu:........... date:...........

photos:

notes:

_____

_____

_____

_____

lieu:........... date:...........

photos:

notes:

_____
_____
_____
_____

lieu:........... date:...........

_____

_____

_____

_____

_____

_____

_____

_____

_____

_____

_____

_____

_____

_____

_____

_____

_____

_____

photos:

notes:
_____
_____
_____
_____

lieu:.......... date:...........

photos:

notes:

_____
_____
_____
_____

lieu:............ date:............

photos:

notes:
_____
_____
_____
_____

lieu:.......... date:...........

photos:

notes:

_____
_____
_____
_____

lieu:.......... date:...........

photos:

notes:

_____

_____

_____

_____

lieu:........... date:...........

photos:

notes:

_____
_____
_____
_____

lieu:........... date:...........

photos:

notes:

_____

_____

_____

_____

lieu:.......... date:...........

photos:

notes:

_____
_____
_____
_____

lieu:............ **date:**............

_____
_____
_____
_____
_____
_____
_____
_____
_____
_____
_____
_____
_____
_____
_____
_____
_____
_____
_____
_____

photos:

notes:

_____

_____

_____

_____

lieu:........... date:...........

photos:

notes:

_____

_____

_____

_____

lieu:………… date:…………

photos:

notes:

_____

_____

_____

_____

lieu:............ date:............

photos:

notes:

_____

_____

_____

_____

lieu:............ date:............

photos:

notes:

_____
_____
_____
_____

lieu:............ date:............

photos:

notes:

_____

_____

_____

_____

lieu:............ date:............

photos:

notes:

_____
_____
_____
_____

lieu:............ date:............

photos:

notes:

_____
_____
_____
_____

lieu:.......... date:............

photos:

notes:

_____
_____
_____
_____

lieu:............ date:...........

photos:

notes:

_____
_____

_____

_____

lieu:.......... date:...........

photos:

notes:

_____
_____
_____
_____

lieu:………… date:…………

photos:

notes:

_____
_____
_____
_____

lieu:........... date:...........

photos:

notes:

_____
_____

_____

_____

lieu:.......... date:..........

photos:

notes:

_____

_____

_____

_____

lieu:............ date:............

photos:

notes:

_____

_____

_____

_____

lieu:........... date:...........

photos:

notes:
_____
_____
_____
_____

lieu:........... date:...........

photos:

notes:

_____

_____

_____

_____

lieu:............ date:............

photos:

notes:

_____
_____
_____
_____

lieu:.......... date:...........

photos:

notes:

_____

_____

_____

_____

lieu:........... date:...........

photos:

notes:

_____

_____

_____

_____

lieu:………… date:…………

photos:

notes:

_____
_____
_____
_____

lieu:………… date:…………

photos:

notes:

_____
_____

_____
_____

lieu:........... date:...........

_____

_____

_____

_____

_____

_____

_____

_____

_____

_____

_____

_____

_____

_____

_____

_____

_____

photos:

notes:

_____

_____

_____

_____

lieu:........... date:...........

photos:

notes:

_____
_____
_____
_____

lieu:........... date:...........

photos:

notes:

_____

_____

_____

_____

lieu:............ date:............

photos:

notes:

lieu:............ date:...........

photos:

notes:

_____

_____

_____

_____

lieu:............ date:............

photos:

notes:

_____

_____

_____

_____

lieu:........... date:...........

photos:

notes:

_____

_____

_____

_____

lieu:............ date:............

photos:

notes:

_____
_____
_____
_____

lieu:........... date:...........

photos:

notes:
_____
_____
_____
_____

lieu:.......... date:...........

photos:

notes:

_____
_____
_____
_____

lieu:.......... date:...........

photos:

notes:

_____

_____

_____

_____

lieu:............ date:...........

photos:

notes:

_____

_____

_____

_____

lieu:............ date:............

photos:

notes:

_____
_____
_____
_____

Printed in France by Amazon
Brétigny-sur-Orge, FR

20763182R00092